DECOUVERTE

DE L'EMBOUCHURE

DE

LA FLUTE ALLEMANDE,

OU TRAVERSIERE,

AVEC LES PRINCIPES

pour la bien prendre.

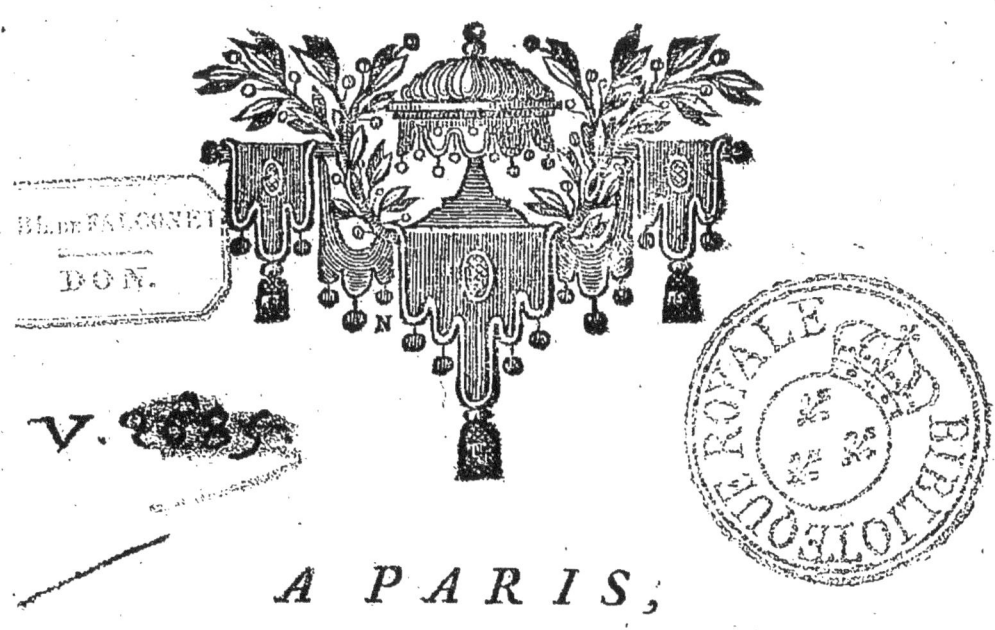

A PARIS,

Chez LECLERC, Quai des Augustins,
à la Toison d'or.

M. DCC. LVI.

AVEC PERMISSION.

DECOUVERTE
DE L'EMBOUCHURE
DE
LA FLUTE ALLEMANDE,
OU TRAVERSIERE,
AVEC LES PRINCIPES
pour la bien prendre.

PLUSIEURS perſonnes ont ſans doute travaillé à découvrir un moïen de rendre l'embouchure de la Flute traverſiere auſſi facile que celle de tous les autres inſtrumens à vent, afin que ceux qui auroient deſir d'en jouer, ne fuſſent point arrêtés par la difficulté d'en tirer du ſon. Nombre de gens, quelqu'envie qu'ils en aient, ne peuvent jamais y parvenir, & ſont obligés à la fin d'abandonner cet inſtrument. Le fameux la Barre même, quoique dans la plus grande habitude, avoit des jours, des momens où l'embouchure lui étoit très infidelle. Le haſard a fait trouver à M. Blavet, en promenant le trou de l'embouchure ſur ſes levres, un endroit à ſa bouche, entre le milieu & le coin, ſi favorable, qu'il eſt toujours ſûr d'en tirer les plus beaux ſons. Sans cette heureuſe conformation locale, il s'y feroit donné bien de la peine, ou bien il auroit été obligé de renoncer à la Flute, qu'il n'avoit choiſie que parceque le Baſſon, dont il jouoit ſupérieurement, lui incommodoit la poitrine. Je n'ai pas eu (ainſi que bien d'autres) le même bonheur, car il y avoit des tems où l'embouchure me réuſſiſſoit aſſez, & d'autres, où plus je m'efforcois moins j'en venois à bout. Peu de vent fait réſonner la Flute traverſiere quand on en a l'embouchure; & il n'y en a point qui eſſouffle plus ſans réuſſite lorſque l'embouchure manque : alors on vous entend ſouffler, & vous en tirez un ſon maigre & déſagréable, parceque malgré vous le vent ſe diſtribue mal. J'ai donc fait le contraire de M. Blavet, car j'abandonnai la Flute & pris le Baſſon. Un Curé trouva, il y a pluſieurs années, une eſpece d'embouchure dont tout le monde pouvoit tirer du ſon, mais c'étoit un ſon de Flute à bec, ſec, petit, & qui déguiſoit totalement le vrai ſon qui eſt noble & moelleux ; cette découverte a bientôt été oubliée. J'avois toujours idée que la choſe n'étoit pas impoſſible ; j'avois même eſſaïé divers moïens, aucun ne m'avoit réuſſi : enfin l'année paſſée 1754, le haſard me mit en main ce qu'on appelle de la cire de Graveur, qui ſert à tirer les empreintes des pierres gravées. L'idée me revint d'eſſaïer encore ſur ma Flute, abandonnée depuis long-tems, ſi je ne pourrois pas contraindre le vent à enfiler l'embouchure en pur profit. Comme cette cire s'amollit par la chaleur des doigts, & reprend de la consistance étant refroidie, j'entourai mon embouchure de toute sorte de sens & d'élévations, par les côtés, par dessus, enfin de toutes manieres : à chaque forme que je donnois, j'essaïois ; rien ne me réussissoit parfaitement, parceque je voulois absolument que le vrai son fût conservé : enfin je trouvai ce que je demandois, lorsque j'eus disposé ma cire dans la situation que je vais décrire. Depuis ce tems, l'embouchure ne m'a jamais manqué, quoique je n'exerce pas à beaucoup près, comme pourroit faire un homme de l'Art. Que les levres soient seches ou humides, bien ou mal disposées, tout cela à présent m'est indifférent, de plus le son est aussi beau & infiniment plus fort, quand je veux je l'adoucis de même : le bas, sur-tout le d. la. re., quand on force, se fait entendre comme celui du Hautbois, les coups de langue se marquent & se détachent au parfait. Tous ces avantages me font croire que j'ai bien avancé dans la découverte de l'embouchure de la Flute traversiere, & m'excitent à en donner avis au Public, afin de partager avec lui l'agrément de cette découverte. Je n'ai pas été longtems à me faire à cette embouchure, la situation des levres étant la même. Messieurs les Maîtres de l'Art ne s'aviseront pas sans doute de prendre la prompte habitude de cette embouchure, ils n'ont ni l'envie ni le tems de se gêner & de redevenir étudians, mais ils pourront la souffrir à leurs Ecoliers, dont le nombre ne peut manquer d'augmenter, puisque tous ceux qui voudront apprendre à jouer de la Flute traversiere, en tireront constamment du son, & que même on peut donner quelques principes pour cette embouchure, ce qui ne pouvoit pas se pratiquer précédemment ; la nature seule étoit cause de la réussite bonne ou mauvaise. Un autre avantage est que ceux qui passent subitement d'un autre instrument à vent à la Flute, y trouveront leur compte.

J'ai joué avec ma cire pendant plus d'un an, prenant toujours de grandes précautions pour que rien n'en dérangeât l'œconomie ; mais comme il faut absolument que la matiere de l'embouchure soit aussi solide que la Flute même, je me suis adressé dans l'Abbaïe à M. Michel Lot, faiseur d'instrumens à vent, Cour des Moines, à côté du Faïencier. Je lui laissai mon modele, il l'a parfaitement exécuté en buis, & je m'en sers toujours avec la même satisfaction. Je m'imagine que toute matiere dure, comme ivoire, bois des Indes, & même cuivre, argent & or, y seroit également bonne.

Je vais passer à la description de l'embouchure ; je la ferai la plus intelligible qu'il me sera possible. Je l'ai fait exécuter toute simple comme je l'avois trouvée d'abord, mais depuis j'ai conçu que les côtés extérieurs n'y aidant en rien, on pourroit en rendre la figure plus agréable & plus solide, & qu'on auroit la facilité de retailler, approcher, éloigner le dedans, en cas de besoin, jusqu'à pleine satisfaction : j'ai exécuté encore en cire, sur une autre Flute, cette nouvelle forme, à laquelle je ne trouve aucun inconvénient : j'en donne aussi la description ; je finirai par quelques principes pour emboucher.

PLANCHE.

Proportion de la tête de ma Flute.

Diametre de dehors en dehors de la tête de la Flute sur laquelle est posée mon embouchure de buis, 1 pouce 1 ligne. A.

La distance du bout B, au centre C, 2 pouces 9 lignes : le trou de l'embouchure C a de diametre extérieur, 4 lignes.

Nouvelle embouchure.

E E. Deux petites lames de buis, taillée en trois quarts dont l'arrête de dessus F F est adoucie. Ces lames suivent exactement le rond de la Flute en s'éloignant l'une de l'autre; je les nommerai les Cornes.

Longueur des Cornes H H, F F, en suivant le cercle, 1 pouce 2 lignes.

Distance des Cornes à leurs bouts, en H H, un pouce.

Distance en o près du trou vis-à-vis de la levre inférieure, trois quarts de lignes.

Longueur du petit canal o, jusqu'à f f, 3 lignes.

L'angle que fait le bizeau du dedans des Cornes avec le plan horisontal, est de 130 dégrés, ou de 50 dégrés avec la perpendiculaire, comme il est en LL.

On taille ces Cornes de façon qu'elles

aillent en diminuant depuis l'endroit le plus élevé qui doit se trouver, vers f f, haut de 2 lignes & demie (hauteur perpendiculaire) jusqu'aux deux bouts, proportionnellement aux distances, c'est-à-dire qu'elles diminuent plus vite vers le bout de la bouche que vers la pointe de la Corne à l'autre bout.

Chaque Corne passe un peu par dessus les côtés du trou comme on voit aux lignes ponctuées qui continuent le cercle, mais quand elles sont bien arrêtées & colées en place, on les évide en pente par-dessous, pour aller se raccorder à l'évasement intérieur du trou : la Corne M est évidée en N, ce qui ne fait qu'une même pente avec l'intérieur du trou C, & ainsi de l'autre Corne.

Deuxieme façon.

Faites tourner un morceau de buis dont le diametre, soit de dehors en dehors, d'environ 6 lignes plus grand que celui de la tête de la Flute, & que ce morceau ait 2 pouces 6 à 7 lignes de long. Creusez-le au tour dans toute sa longueur, de façon qu'il entre juste sur la tête, & que son milieu aille sur le trou de l'embouchure ; retirez-le, & le coupez en travers en deux par le milieu; travaillez les deux sciures en biais comme les Cornes H E & suivant les principes ci-dessus ; & de plus évidez chaque portion comme il est marqué en R R pour laisser les places de la levre d'en bas, afin qu'elle puisse s'avancer sans se gêner : après quoi vous remettrez chaque morceau comme il est indiqué par la premiere méthode ci-dessus. Si ces morceaux ne serrent pas assez & se dérangent, je crois que de petites lames minces de bois, de filasse &c., mises dessous par en dehors vers qqqq les assureroient. On conçoit bien qu'on peut par ce moïen éloigner, rapprocher, retailler les Cornes (qui sont ici les bizeaux) comme on voudra & quand on voudra, chacun suivant son embouchure.

Je ne suis sans doute pas venu à bout de la perfection de ces embouchures : la pratique & les réflexions des personnes de génie y mettront la derniere main.

Quelques principes pour la nouvelle embouchure.

On peut donner des principes à cette embouchure, les voici :

Posez vos levres à l'ordinaire.

Mettez l'embouchure un peu en dedans que vous puissiez toucher les deux élévations FF en les allant chercher avec la levre supérieure qu'il n'y faut pas laisser.

Appuïez un peu laissant les levres lâches sans les gêner : tournez en-dedans ou en dehors : soufflez.

Bouchez tout, & faites en sorte de faire sonner très fort le d. la. re. d'embas, alors vous avez l'octave du bas, plein & fort.

Pour avoir la deuxieme octave, du d. la. re. medium au d. la. re. d'en haut, qui est l'étendue naturelle de la Flûte, tenez un peu ferme la levre supérieure, & pressez plus ou moins avec vos deux mains l'embouchure contre la levre d'en bas : ce qui est de cette levre vis-à-vis la petite rénure o, s'y enfoncera, s'approchera par conséquent du trou de l'embouchure, & vous fera faire les tons hauts ; on peut même mettre cette levre à cheval sur le commencement de la petite rénure pour se faciliter les tons hauts, & il faudra lâcher tout-à-fait les mains pour revenir au bas.

En général il faut, je crois, un peu couvrir l'embouchure : plus vous gênerez vos levres, & moins vous aurez de facilité. Voila comme la chose me réussit : d'ailleurs, chacun s'ajustera aisément à cette embouchure, & peut-être que ceux qui l'ont naturellement moins bonne s'y accoutumeront plutôt ; j'en juge par moi-même.

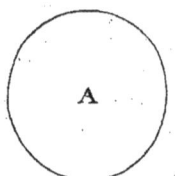
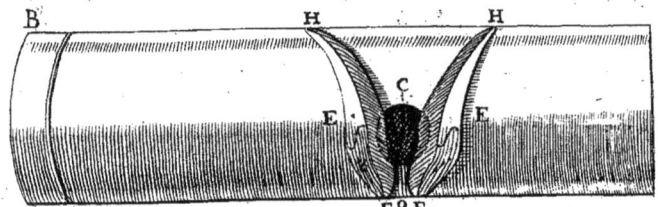
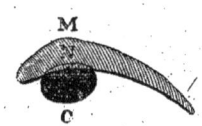
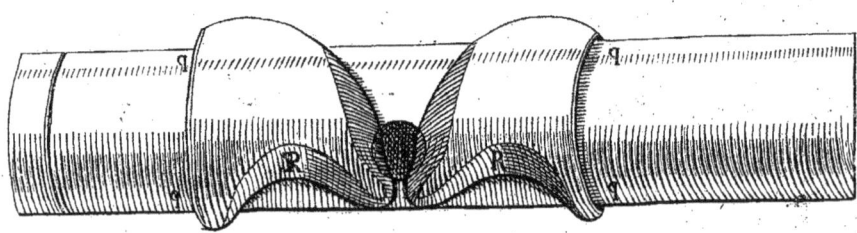
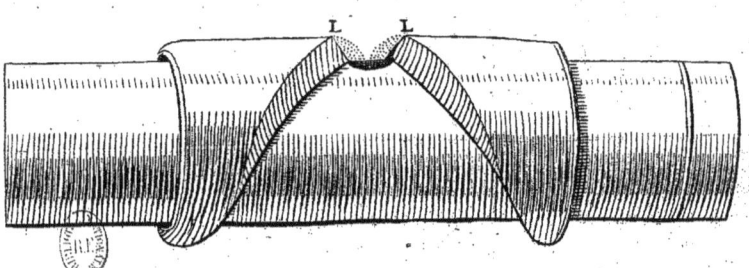

Permis d'imprimer, à la charge d'enregistrement à la Chambre Syndicale. Ce 23 Janvier 1756.

BERRYER.

Regiſtré ſur le Livre de la Communauté des Libraires & Imprimeurs de Paris, n°. 3670 conformément aux reglemens & notamment à l'Arrêt du Conſeil du 10 Juillet 1745. A Paris le 30 Janvier 1756.

DIDOT, Syndic.

De l'Imprimerie de DIDOT, Quai des Auguſtins.

www.ingramcontent.com/pod-product-compliance
Lightning Source LLC
Chambersburg PA
CBHW070454080426

42451CB00025B/2729